FRANCISCO FERRER:
«¡VIVA LA ESCUELA MODERNA!»

Jean-Claude Idée

Francisco Ferrer: «¡Viva la Escuela Moderna!»

Traducción de Pollux Hernúñez

MínimaTeatro, 27

PUNTO DE VISTA EDITORES

Colección MínimaTeatro, 27

Título original: *Francisco Ferrer. « ¡ Vive l'École Moderne ! »*

Primera edición: noviembre, 2025

Publicado por Punto de Vista Editores
C/ Mesón de Paredes, 73
28012 (Madrid, España)

info@puntodevistaeditores.com
www.puntodevistaeditores.com
@puntodevistaed

En colaboración con:

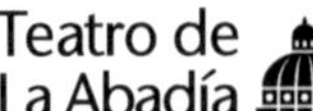

Director de la colección: Felipe Díez
Coordinación editorial: Miguel S. Salas
Corrección ortotipográfica: Luis Porras Vila
Diseño de colección y de cubierta: Joaquín Gallego

ISBN: 979-13-87624-23-1
Thema: DD
Depósito legal: M-19066-2025

Impreso en España – *Printed in Spain*
Artes Gráficas Cofás, Móstoles (Madrid)

Este libro ha sido impreso en papel ecológico,
cuya materia prima proviene de una gestión forestal sostenible.

Sumario

Prólogo

> El teatro debe ser un foro de reflexión, un espejo vivo de nuestra sociedad, una tribuna ecléctica, un lugar de encuentro en el que luchar contra la amnesia, la ceguera, la indiferencia, la intolerancia.
>
> Jean-Claude Idée

Varias decenas de poblaciones belgas (y algunas otras francesas, italianas, inglesas, portuguesas...) se enorgullecen de contar con una calle dedicada a Francisco Ferrer. Hace un siglo largo, esas calles se llamaban del Convento, de la Iglesia, de los Dominicos o algo parecido, pero los respectivos ayuntamientos las rebautizaron para obligar a sus moradores católicos a escribir en su correspondencia el nombre de un ser al que indudablemente abominaban: un auténtico demonio, ateo confeso, comecuras declarado, corruptor de la infancia y revolucionario irredento. Y es que el asesinato oficial de Ferrer en Barcelona el 13 de octubre de 1909 desencadenó, en muchos países en los que se veneraba al fundador de la Escuela Moderna, una oleada de repulsa y protestas inusitadas, así como una serie de homenajes y actos de revancha menos sangrientos pero más duraderos, como los de renombrar calles o erigir placas y estatuas. Los años han pasado, pero todavía hay más españoles que belgas que ignoran quién fue Francisco Ferrer, pues la *damnatio memoriae* a la que se le sometió en su país se ejecutó a rajatabla.

No sorprende, pues, que sea un dramaturgo belga, Jean-Claude Idée, quien haya elevado a los altares escénicos, en la obra que recoge este volumen, a aquel hombre singular para denunciar su ignominioso proceso y fusilamiento en Montjuïc, falsamente acusado de ser el instigador de los disturbios de la Semana Revolucionaria («Trágica» en casi todos los libros de historia) y privado de toda posibilidad racional de defender su inocencia. ¿Quién es Jean-Claude Idée? ¿Quién es Francisco Ferrer?

Francisco Ferrer Guardia fue un ilustre anarquista decimonónico, convencido de que era su deber cívico cambiar el mundo liberándolo de los poderes que en su tiempo sojuzgaban y esclavizaban al hombre —supuestamente nacido libre—, mediante leyes injustas, bendiciones paternalistas y, en último término, tiros de gracia. Lector infatigable, autodidacta, librepensador, republicano, masón, políglota, universalista, hubo de exiliarse en París ante la inviabilidad de su credo libertario en España. Con el tiempo, fue destilando su ideario y llegó a la conclusión —inspirado por la «enseñanza integral» del pedagogo Paul Robin— de que la clave del cambio social no residía tanto en la revolución violenta como en la enseñanza emancipadora: si a la infancia se la educa lo suficiente para que lea sin orejeras y piense por sí misma, crecerá consciente de sus derechos y dará lugar a adultos libres de los yugos seculares que los aherrojan. El problema era que otros (léase nítidamente los obispos) conocían el valor de adoctrinar a la infancia en exclusiva desde siglos y, además de no apreciar la competencia, contaban con medios poderosísimos para neutralizarlo, por las buenas o por las malas.

Afortunadamente, la suerte sonrió a Ferrer. Aunque en París seguía activo en múltiples empeños revolucionarios, se ganaba la vida dictando clases, privadas o en institutos, de español para atender las necesidades de su familia, llegando a publicar su propio método didáctico en francés (que se adaptó luego para el aprendizaje de otras lenguas). Pero he aquí que una de sus alumnas, la adinerada Madame Meunier, atraída por el indudable carisma de Ferrer, aunque sin compartir su visceral anticlericalismo, mas sí su deseo de educar diferentemente a la infancia, creyó en él y decidió apoyar su proyecto escolar legándole para su explotación un espacioso edificio (cuya renta anual equivaldría a unos 400 000 euros actuales), cerca de la Estación del Este. Nació así en Barcelona la Escuela Moderna, inaugurada en 1901 en un antiguo convento con 30 alumnos (llegaría a tener 126 y 7 maestros), y secundada por una red de hasta 47 réplicas en otras ciudades españolas.

Un año antes, Ferrer confiaba a un amigo su programa: «una Escuela Emancipadora, la cual se encargará de desterrar de los cerebros lo que divide a los hombres (religión, falso concepto de la propiedad, patria, familia, etc.), para alcanzarles la libertad y bienestar que todos apetecemos y que nadie logra por completo». Si el contenido distaba mucho de lo habitual, el método no era menos innovador: niños y niñas, ricos o pobres, aprendían todos juntos, no había exámenes ni castigos, se fomentaba la higiene, la gimnasia, la alegría, el espíritu crítico y la participación activa de cada alumno, y primaba el contacto con la naturaleza y las visitas a fábricas y talleres dos veces al mes. Al mismo tiempo, Ferrer fundó una editorial del mismo nombre que la escuela para publicar obras pedagógicas y progresistas.

Huelga decir que las autoridades civiles y eclesiásticas no vieron tales alegrías con buenos ojos y clausuraron la Escuela Moderna en 1906. El pretexto fue oportunísimo: el 31 de mayo, Mateo Morral, que había trabajado en la editorial de la Escuela Moderna, lanzó una bomba contra el rey en su cortejo nupcial, y unos días después Ferrer fue detenido acusado de complicidad, aunque al cabo de un año fue juzgado y absuelto.[1] Para entonces, la Escuela Moderna había dado lugar a muchas otras en varios países europeos y en América, y Ferrer, tras tratar en vano de obtener autorización para reabrir la de Barcelona, volvió a París, con estancias en Londres y Bruselas (donde fundó la Liga Internacional para la Educación Racional de la Infancia) con el fin de impulsar la dimensión global de su proyecto y ocuparse de la editorial.

Fue precisamente cuando volvió a Barcelona en 1909 para preparar la edición de, entre otras obras, *El hombre y la tierra* de Élisée Reclus, cuando estalló la Semana Revolucionaria en respuesta a la inicua leva que se hacía entre la población pobre (los ricos podían evitarlo pagando 6000 reales, suma prohibitiva para cualquier obrero: unos 50 000 euros de hoy) para ir a defender los intereses de los empresarios que explotaban las minas del Rif. Es difícil suponer que Ferrer no simpatizara con los motivos de los revolucionarios para levantarse, pero no hay indicios de que fuera instigador de «rebelión militar» alguna, cargo por el que, en un proceso trufado de

1 No todos los historiadores están convencidos de su inocencia: en su documentadísimo *Francisco Ferrer Guardia: Anticlericalismo, pedagogía y revolución* (2014), Juan Avilés dedica el capítulo 7 a detallar todos los pormenores del caso para concluir que Ferrer estuvo implicado.

anomalías, fue condenado a muerte por un tribunal militar de conformidad con la infame Ley de Jurisdicciones, vigente desde 1906.[2]

El mismo día de la ejecución, 13 de octubre, cientos de miles de manifestantes protestaron en numerosas ciudades (de París a Roma, de Berlín a Lisboa, de San Petersburgo al Río de la Plata), la prensa internacional denunciaba que en España volvía a reinar la Inquisición, numerosos cónsules españoles acabaron dimitiendo y, una semana después, caía el gobierno de Maura. Los gerifaltes, hechiceros y manipuladores del país, siempre preocupados por su patriotera trascendencia histórica, siempre a la quema de heterodoxos en nombre del autoconferido privilegio de preservarla, no estuvieron a la altura generosa de un hombre que escribió en su testamento: «Que mis amigos hablen poco o nada de mí, porque se crean ídolos cuando se ensalza a los hombres, lo que es un gran mal para el porvenir humano». El soberbio Unamuno, que se permitía pontificar sobre todo erigiéndose en dios, escribió un execrable juicio contra un hombre a quien manifiestamente solo conocía por «la cochina prensa madrileña», como él la llamaría años después. Felizmente, hubo otros, como el célebre doctor Simarro, que en 1910 dedicó

2 Véase el excelente y detallado estudio del proceso y su trasfondo en https://pascualvelazquez.com/tesis-doctoral-francisco-ferrer-guardia/.

dos tomos a restaurar su vilipendiada memoria en *El proceso de Ferrer y la opinión europea.* En 1911, su querida Bruselas erigió una imponente estatua en su honor (un hombre despojado de todo alzando en sus manos la luz de la razón para iluminar el mundo) y la semilla ferreriana siguió propagándose (hasta doce escuelas Ferrer abrieron en Estados Unidos). Ese mismo año, se revocó parte de la sentencia, lo que no hizo sino dar razón a sus seguidores, pero no tanta como para lograr que se restableciera su inocencia.

La segunda República recuperó la pedagogía de Ferrer, rebautizó con su nombre la plaza del obispo Urquinaona, proyectó una réplica de la estatua bruselense, que no cuajó, y Eduardo Borrás estrenó en noviembre de 1931 su drama *El proceso Ferrer* (del que no me consta que Jean-Claude Idée tuviera conocimiento), pero los insurrectos vencedores de la guerra se aseguraron de que su nombre desapareciera de la Historia. En su propia tierra, el catalanismo más intransigente lo denigró u ocultó, quizá porque nunca le perdonó reflexiones como «... hubo quien, inspirado en mezquindades de patriotismo regional, me propuso que la enseñanza se diera en catalán, empequeñeciendo la humanidad y el mundo a los escasos miles de habitantes que se contienen en el rincón del mundo formado por parte del Ebro y los

Pirineos. Ni en español la establecería yo —contesté al fanático catalanista—, si el idioma universal, como tal reconocido, lo hubiera ya anticipado el progreso. Antes que el catalán, cien veces el esperanto» (*La Escuela Moderna*, 1908, p. 13).

Afortunadamente, en 1987, tras la larga noche franquista, se creó la Fundació Ferrer i Guàrdia, que desde entonces mantiene vivo su espíritu «de acuerdo con los ideales ferrerianos de librepensamiento, autonomía, igualdad y cohesión social». Gracias a su empeño y al apoyo de Pasqual Maragall —cuyo abuelo había intercedido por Ferrer en un memorable artículo[3] que el padre de la patria Prat de la Riba se negó a publicar—, se erigió en Montjuïc una réplica de la estatua bruselense para honrar la memoria del gran catalán universal que fue Ferrer. Actualmente, cada año por su aniversario, el embajador de España en Bélgica y otras autoridades locales hacen una ofrenda floral a la estatua original frente al rectorado de la Universidad Libre de Bruselas. Y, dentro de los actos conmemorativos del centenario

3 *La ciutat del perdó*: «¿Com vos podeu estar axís tranquils á casa vostra y en els vostres quefers sabent que un dia, al bon solet del dematí, allà dalt de Montjuich, treurán del castell un home lligat, [...] s'ajenollarà de cara á un mur, y li ficaràn quatre bales al cap, y ell farà un salt y caurà mort com un conill... ell, qu'era un home tant home com vosaltres... potser més que vosaltres! [...] Al Rey que pot perdonar, als seus Ministres que poden aconsellarli el perdó, als jutjes que poden temperar la justícia ab la pietat: ¡Perdó pels condemnats á mort de Barcelona! ¡Caritat per tots!».

de la embajada española en Bélgica, en 2021 se celebró en la residencia del embajador una jornada y una exposición en memoria suya bajo el título «La revolución pedagógica de Ferrer Guardia».

Jean-Claude Duquesne (más conocido por su nombre artístico Idée, «idea») nació en Bruselas en 1951 y murió en 2022 tras dedicar su vida al teatro en todas sus manifestaciones: actor, escenógrafo, iluminador, gestor, director, profesor, adaptador y dramaturgo. Estudió Arte Dramático en el Conservatorio bruselense y pronto empezó su carrera actoral, interpretando hasta treinta papeles en los teatros de su ciudad natal. Antes de abandonar el Conservatorio, se estrenó como director con una obra de Marivaux, a quien seguirían Racine y Corneille, muestra de un interés por los clásicos que nunca le abandonaría, aunque entreverándolos esos años con obras de autores contemporáneos (como Laforgue o Ghelderode), incluidas las suyas propias, la primera de ellas *La casa de los dioses muertos*, en 1977. Por esa época y durante una década, adaptó hasta treinta textos para el programa dramático de la radio nacional de expresión francesa.

Durante los años 80, siguió trabajando en Bruselas, pero amplió su actividad a otras ciudades belgas y estrenó en París. De esa época son sus cinco montajes de Molière, además de Apollinaire, Obaldia,

Anouilh, Goldoni, Lorca, Claudel, De Decker, Shepard, Sartre y otros. En los 90, llegó a dirigir hasta treinta espectáculos, media docena en París (sobre textos de Molière, Shakespeare o Goethe, y también de Jules Romains, Ionesco, Dostoievski, Renan, Peacock, etc.), cifra que superó en la primera década del siglo con obras de Kleist, Rostand, Pirandello, Camus, Chéjov, Schaffer, Voltaire, Giraudoux, Pownall, Régis Debray, etc., así como algunas de Molière y de Shakespeare y un *Don Quijote* traducido y adaptado por él mismo. Pues Jean-Claude sabía español y ya había traducido tres obras del mexicano Emilio Carballido. También tradujo otras tres del inglés, entre ellas *El sueño de una noche de verano*. En su última década activo, montó, entre otros, a Dürrenmatt, Diderot, Musset, Guareschi, Frayn, Jean Vilar, Bentégeat y varias obras propias. Del centenar de puestas en escena en su haber, destaca la adaptación con su autora, Françoise Chandernagor, de la novela *La alameda del rey*, que en 1994 conoció casi un millar de representaciones entre Bruselas y París. Muchos de estos espectáculos se representaron en el Teatro Nacional del Parque (equivalente bruselense a El Español madrileño), aunque trabajó en muchos otros.

A Jean-Claude Idée, que se consideraba discípulo de Jean Vilar, se deben dos iniciativas fundamentales para entender la vitalidad del teatro belga actual de expresión francesa y de la dramaturgia contemporánea en francés. Fue la primera el Fondo de Escritura Teatral, fundado por nuestro hombre en Limoges en 1989 con su amigo Jacques de Decker para dar a conocer textos de carácter político o histórico de autores desconocidos de los países francófonos, pero no mediante montajes acabados, sino en lecturas dramatizadas ante un público cuya reacción decide si tal texto merece una puesta en escena completa. La segunda fue las UPT (Universidades Populares del Teatro), fundadas en Bélgica y Francia por Jean-Claude y el pensador Michel Onfray en 2012 para dar a conocer «textos de carácter filosófico, ético, cívico, histórico y político, con el fin de suscitar la reflexión y el debate público». La rama belga del FET, subvencionada por el Estado, funciona ahora en tándem con las UPT (con sedes en Bruselas, París y Aviñón), y periódicamente ofrece en Bruselas bloques de lecturas dramatizadas realizadas por profesionales y sin desembolso alguno por parte de los espectadores, a quienes se invita a intervenir en los debates subsiguientes.

Además de sus numerosas adaptaciones, Idée escribió una treintena de obras dramáticas, casi siempre en consonancia con esta convicción suya: «Quiero que en el teatro haya filosofía. Ese teatro podrá ser un medio de educación popular y no solo un asunto de teatreros. Me apena que desde hace treinta años el teatro se haya encerrado en una forma de elitismo». En este sentido, buena parte de su producción gira en torno a la figura y el pensamiento de un personaje histórico señero al que sitúa en un momento clave de su biografía: Ovidio, Rachel Carson, Pasteur, Lin Zhao, Freinet, Korczak, Pestalozzi, Madame de Staël, Catalina de Médicis, Frida Kahlo, Montaigne, La Boétie, Erasmo, etc. En esta categoría de obras, se inscribe *Francisco Ferrer: «¡Viva la Escuela Moderna!»*, que se estrenó en el Teatro 14 de París en el otoño de 2018 y giró por varias ciudades de Francia un año después y también en Bruselas, donde se repuso en 2022 como homenaje tras la muerte del autor.

Publicado este drama en 2019 por Samsa Éditions, José Luis Gómez vio en mi casa en la primavera de 2024 un ejemplar que acababa de prestarme mi amiga Hermelinda Estebaranz, lo leyó poco después y en otoño La Abadía me encargó que lo tradujera. Al texto publicado, añadí una ligera corrección y dos réplicas (como anoto en la página 64), que figuraban en la versión original y que me proporcionó Annette Brodkom, una de las actrices que trabajó en el espectáculo con Jean-Claude. Por otra parte, su viuda, Nathalie Rimé, que mantiene vivo su legado y sigue al timón del FET y de las UPT, me envió una semblanza biográfica de su marido, que me ha servido para hilvanar estos párrafos. Agradezco al gran maestro Gómez, siempre alerta a temas relacionados con la memoria histórica, que dé a conocer mediante la presente traducción a un importante dramaturgo belga inédito en España, especialmente en un momento en el que el grito esperanzado de su Ferrer se hace necesario ante la siniestra ola de deshumanización neofascista que azota al mundo. Y extiendo mi agradecimiento a las tres señoras mencionadas.

Pollux Hernúñez

Francisco Ferrer:
«¡Viva la Escuela Moderna!»

Esta obra se estrenó el 13 de noviembre de 2025 en el Teatro de La Abadía bajo la dirección de José Luis Gómez

Reparto: Ernesto Arias, Jesús Barranco, David Luque y Lidia Otón
Escenografía: Curt Allen Wilmer y Leticia Gañán
Iluminación: Pedro Yagüe
Proyecciones: Jorge Vila
Vestuario: Deborah Macías
Música y espacio sonoro: Alberto Granados
Ayudante de dirección: Roberto Mori
Producción: Teatro de La Abadía

Personajes

Francisco Ferrer Guardia, editor y pedagogo
Señorita Meunier, alumna de Ferrer
Sol Ferrer, última hija de Ferrer
Teresa Sanmartí, primera mujer de Ferrer
Francisco Galcerán y Ferrer, abogado militar de Ferrer
José Valerio Raso Negrini, juez instructor militar
El capellán de Montjuich

6 de septiembre de 1909
Primer encuentro con el militar encargado de la instrucción del proceso

Negrini
Apellidos.

Ferrer
Ferrer Guardia.

Negrini
Nombre.

Ferrer
Francisco.

Negrini
Fecha y lugar de nacimiento.

Ferrer
10 de enero de 1859 en Alella.

Negrini
Domicilio.

Ferrer
Mas Germinal en Montgat.

NEGRINI
Profesión.

FERRER
Editor. Ya he respondido a esas preguntas en mis interrogatorios anteriores.

NEGRINI
Ahora está usted bajo la jurisdicción de un tribunal militar. Yo soy el oficial encargado de la instrucción.

FERRER
Eso no puede ser, yo soy civil.

NEGRINI
Guarde silencio. Prosigue la instrucción.

FERRER
¿Con quién tengo el honor de...?

NEGRINI
Con don José Valerio Raso Negrini

FERRER
Protesto firmemente por el registro corporal al que acaba de sometérseme. Me han hecho desnudarme completamente y me han examinado cada centímetro de la piel.

NEGRINI

Ha sido a petición mía. Quería asegurarme de que no había resultado herido durante su participación en los disturbios.

FERRER

Yo no he participado en ningún disturbio. ¡Protesto contra esa calumnia!

NEGRINI

Tomo nota; volveremos sobre ello.

FERRER

Eso espero.

NEGRINI

Ferrer, tengo en mis manos un abultado expediente sobre usted. Tiene un historial bastante cargado. Veo que, en primer lugar, trabajó en el ferrocarril.

FERRER

Efectivamente.

NEGRINI

Luego, en 1886, fue inculpado por la tentativa de golpe de Estado republicano, en la que participó con el pseudónimo de «Cero».

Ferrer
Eso no se probó; nunca empuñé armas.

Negrini
Después huyó a Francia, donde se movió en el entorno del líder revolucionario Ruiz Zorrilla.

Ferrer
Trabajé para él como secretario.

Negrini
En 1892, con ocasión del «Congreso Universal de Libre-pensadores» en Madrid, usted lanzó la siguiente proclama: *(Lee un documento)* «Estamos completamente convencidos de que el día que a una misma hora caigan las cabezas de la familia real y sus ministros, o se hundan los edificios que los cobijan, será tal el pánico que poco tendrán que luchar nuestros amigos para apoderarse de los edificios públicos. Buscamos solamente a unos 300 [voluntarios][1] que, como nosotros, estén dispuestos a jugarse la cabeza para iniciar el movimiento en Madrid. Todos los que quieran hacer parte de los primeros 300 que escriban sus nombres y sus señas a Monsieur Ferrer, Poste restante, rue Lafayette, París. Más vale morir que vivir bajo la vergonzosa

1 Cuando el autor cita documentos originales, a veces añade o elimina palabras, que aquí se indican entre corchetes. [N. del T.]

opresión de una pandilla de ladrones sostenida por clérigos. Arriba, pues, nobles y valientes [corazones] hijos del Cid. ¡Viva la Revolución! ¡Viva la Dinamita!». ¿Es suyo?

FERRER
En parte; se han cambiado varias palabras. Principalmente la última. Nunca escribí: «¡Viva la Dinamita!». Yo escribí: «¡Viva la Anarquía!».

NEGRINI
Pero en su conjunto este discurso es suyo, reconózcalo.

FERRER
Es lo que pensaba ¡hace 17 años!

NEGRINI
Volveremos sobre ello. En 1901 abrió usted en Barcelona un centro de enseñanza laica.

FERRER
La Escuela Moderna.

NEGRINI
Aquel centro fue clausurado por alteración del orden público en 1906. Usted acogió allí al anarquista Mateo Morral, responsable de una tentativa de asesinato contra su majestad el rey Alfonso XIII

de España. Aquel atentado causó 28 muertos entre el gentío.

FERRER
Mateo Morral había trabajado en la Escuela Moderna como bibliotecario. Era un exaltado y tuve que expulsarlo de mi centro. No soy responsable de los actos que cometiera después.

NEGRINI
Muchas personas honradas están convencidas de que fue usted quien le incitó a aquel crimen.

FERRER
Sí, muy injustamente esas personas honradas se equivocan. Yo me opongo a toda forma de violencia.

NEGRINI
Sin embargo, fue por considerarlo cómplice por lo que le detuvieron tras el atentado de Mateo Morral, y le incoaron un proceso civil en el que se solicitaba para usted la pena de muerte.

FERRER
Mi inocencia era clamorosa: fui absuelto de todo ello...

NEGRINI
... a raíz de una campaña de prensa internacional que intimidó a nuestros jueces. Luego apoyó usted, con su propio dinero, la fundación del sindicato «Solidaridad Obrera».

FERRER
El sindicalismo es una actividad pacífica autorizada por las leyes españolas.

NEGRINI
El pasado 10 de junio, su majestad el rey firmó un decreto autorizando al ministro de la Guerra a llamar a filas a los reservistas para enviarlos al frente de Marruecos. El lugar del embarque de las tropas se fijó en Barcelona.

FERRER
Sí. Fue un error.

NEGRINI
Muchos en Cataluña se negaron a obedecer las órdenes y a responder a la llamada a la movilización.

FERRER
Esta guerra es injusta, solo sirve a los intereses de grupos mineros y de especuladores.

NEGRINI
Hubo manifestaciones, disturbios, altercados, barricadas...

FERRER
Lanzaron a la tropa contra el pueblo y eso hizo que todo explotara.

NEGRINI
Se contaron más de cien muertos en las calles de Barcelona.

FERRER
Y, tras las detenciones masivas, hubo muchas ejecuciones sumarias.

NEGRINI
Gracias a lo cual, la calma ha vuelto a todo el país.

FERRER
Mientras nuestros soldados masacran a la población civil en Marruecos.

Un tiempo.

NEGRINI
Señor Ferrer, se me ha encargado la instrucción de su caso, así que no espere de mí indulgencia alguna. Su segundo juicio no será exactamente como

el primero. *(Pausa.)* Algunos testigos afirman, por escrito, haberle visto armado a la cabeza de los alborotadores durante las sangrientas jornadas de Barcelona.

FERRER
Eso es falso. Desenmascararé a esa gente cuando los tenga cara a cara.

NEGRINI
No habrá careo; únicamente se leerá su testimonio ante el tribunal.

FERRER
Entonces presentaré testigos de descargo que declararán que yo estuve en casa con ellos durante esos días: mi pareja Soledad, mi hermano José, mi cuñada...

NEGRINI
Tampoco se convocará a ningún testigo de la defensa.

FERRER
Entonces también ellos declararán por escrito.

NEGRINI
No tendremos tiempo de requerirlos. Nuestras órdenes son de obrar rápidamente.

FERRER

¡Y contra toda justicia! ¿Tendré derecho al menos a un abogado?

NEGRINI

Por supuesto. Le presentaremos con tiempo una lista de oficiales entre los que podrá elegir.

FERRER

Es usted demasiado bueno.

NEGRINI

Eso creo yo también.

FERRER

Heme aquí condenado de antemano. ¿De qué se me considera culpable? Desde hace ocho años me dedico exclusivamente a la enseñanza.

NEGRINI

Nosotros estamos convencidos de lo contrario. Usted ha sido el alma de esta revuelta. Su escuela y sus enseñanzas divulgaron entre la población las nefastas ideas que están en el origen de los disturbios actuales: el libre examen, la higiene, el ateísmo, el espíritu científico, la educación física, la coeducación. Sus clases nocturnas y dominicales para padres, sus llamadas «universidades populares» abiertas a los adultos han propagado sus quimeras como una enfermedad infecciosa. Todo esto le condena a los ojos de la Corona, de la Iglesia y del Ejército.

FERRER
¿Y merece sin duda el pelotón de fusilamiento?

NEGRINI
¡Ni que decir tiene! *(Sale.)*

Entra Teresa y se dirige al público.

TERESA
Mi nombre es Teresa Sanmartí. Nunca pude testificar en este caso, pero necesito decir aquí que Francisco Ferrer no es un hombre, es un demonio. Me volvió loca. Me traicionó, me hirió y diría que merece lo que le pasa si todo ello no hiciera tan infelices a nuestras hijas. Es un individuo poliédrico, el rey de los manipuladores. Es capaz de cualquier cosa para salirse con la suya. Sin mostrarlo, como si nada. Es un seductor, siempre impecable, muy bien arreglado, elegante, lustroso, cortés, refinado, humano, interesándose por los problemas de los demás y siempre dispuesto a partirse el espinazo por resolverlos. Así fue como me conquistó.
Yo tenía 18 años. Iba llorando en el tren de Gerona que había cogido para ingresar en un convento.

Me pidió el billete, me preguntó si tenía amigos, si podía ayudarme. Le dije que estaba triste porque no estaba muy segura de querer hacerme religiosa, pero que mi madre me obligaba. Me propuso ir a hablar con ella, me tranquilizó, me consoló y me sedujo. Estaba embelesada. En cosa de segundos ¡dio la vuelta a mi destino! Era un pico de oro. Me recordaba a mi padre, abogado, que murió cuando yo era aún muy pequeña. A mi madre, Ferrer le cayó muy bien en seguida y no le costó nada convencerla de que yo no sería una buena monja. Estábamos pasando grandes apuros económicos y él se ofreció a ayudarnos. Íbamos a la iglesia juntos, era un empleado perfecto, con un futuro prometedor y conocedor de varios idiomas. A las pocas semanas estábamos prometidos, y a los pocos meses, casados. Fuimos muy felices largo tiempo. Me dio cuatro hijas.

Luego empezaron los problemas. Tardanzas, ausencias cada vez más frecuentes, conciliábulos con individuos sospechosos. Noté que se relacionaba con gente rara, anarquistas, masones, republicanos, revolucionarios... Se lo eché en cara y le dije que estaba poniendo en peligro nuestro futuro y la felicidad de todos nosotros. Me dijo que tenía sus convicciones, que estaban por encima de todo. Le repliqué que uno es libre de tener convicciones cuando está soltero, pero que, ahora que estaba casado conmigo y me había hecho madre, también tenía responsabilidades que debía asumir a pesar de sus grandes sueños. Reconoció que no me faltaba razón. Me prometió que haría todo lo que pudiera para mantenernos a salvo a mí y a mis hijas, pues nos quería, pero que no renunciaría a nada de lo que pensaba acometer.

Intenté que volviera al buen camino. Se puso como un basilisco. Nuestras disputas fueron haciéndose más violentas, más frecuentes. Nuestro hogar era un infierno. Y un día desapareció, por mucho tiempo, sin dar noticias. Me enteré de que había habido una intentona de golpe de Estado republicano en Madrid, que había fracasado. Había habido muertos y tiros. La mayoría de los revolucionarios habían huido. Yo estaba segura de que era uno de ellos. Una noche llamó a la contraventana de mi habitación y entró. Hizo la maleta, me entregó una suma de dinero y me dijo que el golpe había fracasado y tenían que exiliarse en Francia. Me juró que, en cuanto pudiera, haría que me reuniera con él. Y allí me dejó, con las niñas, sumida en la desaprobación general de nuestros amigos y de mis padres, en el bochorno y la vergüenza. Finalmente un día me hizo saber que me esperaba en París.

Dudé reunirme con él, temerosa de aquel salto al vacío, pero, a falta de dinero, no me quedó más re-

medio. Tenía esperanzas de que hubiera cambiado, de que empezaríamos de nuevo con buen pie. ¡En absoluto! Había cambiado, pero a peor. Lo que en Barcelona hacía en secreto lo hacía abiertamente en París. Se relacionaba con gente espantosa, aquel Ruiz Zorrilla, jefe de los revolucionarios españoles, y todos aquellos republicanos franceses. Aquel Jaurès que solía hablar en nuestro salón, aquel gran soñador Anatole France. Y todos aquellos masones anticlericales a los que daba clases de español. Después de Trinidad, la mayor, ya no quiso poner nombres cristianos a nuestras hijas. Las llamó Luz, Paz y, a la última, Sol.
Llamar a nuestras hijas Luz, Paz y Sol era ridículo. Acabé negándome a que trajera a casa a todos sus amigos descreídos. Se fue a hacer las reuniones a un hotel. Le insultaba todos los días, incluso en público. Me pidió el divorcio. Le dije que los españoles no se divorcian. Que antes me mataría con mis hijas. Entonces se marchó ¡llevándoselas! Le perseguí y le metí tres balas en el cuerpo, y sin remordimientos, pues mi confesor me había prometido la absolución. Por desgracia, Ferrer no murió. Después de aquello echó el ojo a dos mujeres ricas, las Meunier, madre e hija. Las sedujo y se las arregló para que murieran una y la otra. Con su dinero, que recibió en herencia, regresó a España con una

nueva conquista llamada Leopoldina. Con esta desvergonzada joven, fundó su Escuela Moderna en Barcelona. Comenzó a propagar el veneno de sus enseñanzas por todo el mundo. También le hizo un hijo a Leopoldina, un niño llamado Riego. A esta pobre mujer la hizo muy infeliz organizando atentados y metiéndose en el sindicalismo obrero. Siempre andaba viajando de un lado para otro entre París, Londres y Bruselas, propagando la revolución y el reino del diablo por todas partes. Harta ya, también Leopoldina acabó por abandonarlo. Fue entonces cuando conoció a Soledad, aquella musa incendiaria y perversa que fue su perdición y lo arrastró a las peores locuras, empujándolo incluso a las barricadas de la semana sangrienta. Yo, ahora, he rehecho mi vida con un hombre bueno. Y no quiero volver a oír nada de Ferrer

9 de septiembre de 1909
Segunda audiencia

Negrini

Ferrer: hemos reunido nuevas pruebas de su culpabilidad. Tengo aquí, de su puño y letra, el borrador de su proclama a la insurrección en Barcelona.

Ferrer

Eso es imposible, yo nunca he...

Negrini

... Hemos encontrado los documentos en su casa, donde hemos vuelto a efectuar un registro durante tres días.

Ferrer

¿Hubo testigos de ese registro? ¿Estaban presentes familiares míos o algún periodista?

Negrini

Lamentablemente, solo había policías, pero bajo juramento.

FERRER
Ese documento solo puede ser falso, ustedes se lo han inventado de cabo a rabo.

NEGRINI
Dos grafólogos experimentados lo han analizado.

FERRER
¿Y...?

NEGRINI
Han llegado a la conclusión de que es posible que este escrito sea de su mano.

FERRER
¡Posible!

NEGRINI
Sí, así que no hay ninguna contrariedad manifiesta.

FERRER
¡Pero usted no tiene ninguna prueba irrefutable!

NEGRINI
El cúmulo de sospechas que le rodea bastará para convencer al jurado.

FERRER
Exijo un peritaje de comprobación.

NEGRINI
No tendremos tiempo para ello.

FERRER
¡Es vergonzoso!

NEGRINI
Además, el estilo del documento hace extrañamente pensar en la proclama de los 300 que usted lanzó antaño.

FERRER
Con lo sencillo que es, les habrá bastado con copiarlo cambiando algunos términos.

NEGRINI
Otra cosa: ya tenemos pruebas formales de que usted se hallaba en Barcelona el 26 de julio.

FERRER
Nunca lo he negado. Fui a mi banco, a mi editorial, a las oficinas del diario *El Progreso* y a la tintorería de mi mujer a recoger un vestido que había dejado allí.

NEGRINI
Sin duda todo eso es cierto, pero tengo aquí 60 testigos que afirman haber visto a un hombre parecido a usted, con traje azul y canotier, y con armas en la

mano, a la cabeza de las manifestaciones que asolaban la ciudad. Volveremos sobre ello.

La Señorita Meunier se adelanta y se dirige al público.

SEÑORITA MEUNIER

Francisco Ferrer es el hombre de mi vida. Cuando llegó a París, mi madre y yo nos inscribimos a sus clases de español para preparar un viaje turístico que queríamos hacer a su país. Mi madre se rindió inmediatamente a su embrujo. La sedujo por su cultura, su buena educación, sus hermosos discursos y sus grandes ideas. Varias veces nos acompañó en nuestros viajes y nos hicimos muy buenos amigos. Nunca nos ocultó sus ideas políticas. Solía decirnos que nos perdonaba el ser muy ricas porque éramos buenas personas. Cierto es que a menudo ayudábamos a sus asociaciones de refugiados y que dábamos mucho a los pobres. Cuando murió mi madre, ganó aún más influencia sobre mí. Podría haberme hecho su esposa. A veces yo soñaba con ello en secreto, pero ya estaba casado y nunca me habló de amor. En lugar de eso intentó apartarme de Dios y convertirme al ateísmo. Me sometió a la angustia y la desesperación al privarme de todas las fantasías de la religión. A base de conferencias, presentaciones científicas y demostraciones, abrió mi mente y mi espíritu. Me hizo racional y lúcida destruyendo mi fe. Le estoy agradecida por ello, pero no es una experiencia muy agradable. Luego empezó a hacerme sentir culpable de mi fortuna. ¿A quién iría después de mi muerte? No tenía más familia. Me dijo que no debía dejar ese dinero al Estado, que tenía que servir para algo, para el progreso de la humanidad y el bien de mis semejantes. Y me pareció que tenía razón. Entonces me habló de su proyecto de escuela para los pobres, la Escuela Moderna. Me dijo que, si accedía a hacerle donación de mi fortuna para aquel proyecto, siempre hablaría de mí como de una mujer extraordinaria. Ambos sabíamos que yo padecía del corazón y estaba condenada a corto plazo. Me gustaba la idea de que, después de mi muerte, hablaría de mí con cariño durante largo tiempo. Así que pedí cita con mi notario y doné mi fortuna a la Escuela Moderna. Morí poco después, presa de pánico y muy contenta, cogiéndole la mano. No vi que después hiciera ningún uso personal de mi dinero. Le estoy agradecida de no haberme defraudado. Cumplió su palabra y abrió su escuela lealmente. Que durante cinco años conoció un éxito extraordinario en Barcelona. Cientos de niños y miles de adultos asistieron a sus clases. No sé muy bien por qué se clausuró de golpe, pero fue una gran injusticia. Sin embargo, la semilla estaba ya sembrada y numerosos sucesores acudieron después a tomar la antorcha y completar el «linaje» de Rousseau, Pestalozzi y Paul Robin, como decía Francisco. Los posteriores eslabones de esta cadena se llaman Janusz Korczak, que en 1912 abrió su orfanato en Varsovia, o Célestin Freinet, que después de 1918 desarrolló sus métodos activos en la Provenza. Podría sentirme orgullosa, pero a menudo me digo: ¿por qué no han tenido descendencia? ¡Y eso que son portadores de lo evidente! ¿A qué se espera? ¿Dejaréis que se continúe fusilando a los portadores de la luz durante mucho tiempo? Sí, os lo pregunto, ¿a qué esperáis?

1 DE OCTUBRE DE 1909

Francisco Ferrer escribe sobre la mesa en su celda de la Cárcel Modelo de Barcelona. Entra un militar.

GALCERÁN
¿Francisco Ferrer? Soy su abogado.

FERRER
No le esperaba ya. Me alegro de verlo.

GALCERÁN
Quedaría muy mal diciéndole lo mismo.

FERRER
Tome asiento. Yo pasearé.

GALCERÁN
Pediré una silla.

FERRER
Siempre puede intentarlo. Estamos en la Cárcel Modelo de Barcelona. Yo ya estoy casi desgañitado.

GALCERÁN
¿Le tratan mal?

FERRER
Estoy incomunicado. Es usted la primera visita en quince días. Apenas me dan de comer, se han llevado todas mis cosas, y ya ve el traje que me han endilgado. Los pantalones son demasiado largos, y el chaleco, demasiado ajustado al principio, pero he adelgazado mucho.

GALCERÁN
Intentaré mediar.

FERRER
No se moleste.

GALCERÁN
Veo que puede escribir.

FERRER
Es mi único lujo. Incluso puedo enviar cartas, pero no se me entregan las respuestas.

GALCERÁN
¿No recibe el correo?

FERRER
No, y tampoco periódicos.

GALCERÁN
Estará preocupado por su familia.

Ferrer
Mucho.

Galcerán
Están bien. Soledad, su hermano y su esposa están bajo arresto domiciliario en Teruel.

Ferrer
¡Tan lejos! ¡¿Teruel?! ¿Por qué?

Galcerán
Porque allí sus parientes no conocen a nadie. Aquí se temen las muestras de solidaridad.

Ferrer
Ya veo. Se andan con cuidado.

Galcerán
Sí. *(Pausa.)* ¿Puedo preguntarle a qué debo el honor de que me haya elegido usted?

Ferrer
Incluso ante un tribunal militar, la ley me da derecho a un defensor.

Galcerán
La justicia se honra respetando sus formas. Pero usted era libre de elegir...

Ferrer
... de la breve lista de militares que me pasaron.

Galcerán
Desconocía ese detalle.

Ferrer
No es un detalle, es una injusticia.

Galcerán
Estoy de acuerdo.

Ferrer
No conocía ninguno de los nombres que figuraban en el papel. ¿Se ofreció usted voluntario?

Galcerán
No, fui designado de oficio. Soy un desconocido para usted. ¿Qué motivó su decisión?

Ferrer
Que seamos tocayos. Yo me llamo Francisco Ferrer Guardia, usted Francisco Galcerán Ferrer, y este detalle me pareció tranquilizador. Seguramente el único, pues detesto a los militares.

Galcerán
No solo soy militar, también soy católico practicante.

Ferrer
Lo que faltaba. Supongo que es el caso de todos los nombres de la lista.

Galcerán
Me temo que sí.

Ferrer
Seguramente le resultará algo difícil defender a un ateo.

Galcerán
No, cumpliré con mi deber. Con serenidad.

Ferrer
Un ateo anarquista, masón y republicano.

Galcerán
Le participo que, naturalmente, también soy monárquico.

Ferrer
Bien servidos estamos.

Galcerán
A pesar de todo, vamos a tener que trabajar unidos.

Ferrer
¿Qué le mueve a esto?

Galcerán
Mi sentido del deber.

Ferrer
Todo hombre pone su honor donde le parece.

Galcerán
Por eso estoy a su disposición. ¿Qué puedo hacer por usted?

Ferrer
Librarme de ser condenado a muerte por su tribunal militar.

Galcerán
Vasto programa.

Ferrer
Ambicioso.

Galcerán
Puede hacerse. El optimismo es mi vicio favorito.

Ferrer
¡Por fin tenemos algo en común!

Galcerán
Vamos allá. Para defenderlo necesito conocer algo de su vida.

Ferrer
Mi vida poco vale. Sepa, resumiendo, que soy hijo de campesinos catalanes, oriundo de un pueblo no muy lejos de Barcelona. Mis padres eran muy católicos y analfabetos. La primera escuela en la que puse los pies era más bien un establo. Allí me enseñaron español, que no hablábamos en casa. A menudo me pegaban con una regla mojada. La mugre, la sarna, los golpes, las rivalidades, las envidias, la enseñanza *ex cathedra*, las lecciones aprendidas de memoria y repetidas sin entender nada, las oraciones de rodillas mañana, tarde y noche... Para inventar después la Escuela Moderna me bastó con copiar exactamente lo contrario de lo que había vivido de niño.
Tenía catorce años cuando, en 1873, una gran noticia recorrió el país: «¡Se instaura la República!». Aquel mismo año empecé como aprendiz de un pañero de Barcelona, don Orsino. Me instalé en su casa y otro mundo se abrió ante mis ojos. Era un ferviente republicano y un notorio masón. Aquel hombre tuvo una influencia decisiva en la formación de mi espíritu y le debo mucho. Gracias a él aprendí los nombres de Stirner, de Karl Marx, de Bakunin. Leí sus obras. Al cabo de dos años, la República se hunde, los reyes vuelven con sus hordas de militares, jesuitas y curas. Inmensa desesperación.

Aprendo francés, la hermosa lengua de los derechos humanos y del país de la Revolución. Sueño con asaltar la Bastilla. Y consigo un puesto en los ferrocarriles: revisor en las líneas Madrid - Alicante - Zaragoza - Barcelona - Gerona. De propina dos veces por semana mi tren llegaba hasta la frontera francesa. Esto me producía escalofríos cada vez. Tenía la impresión de que el aire de libertad nos llegaba sobrevolando las montañas. Fue allí cuando un día un misterioso viajero subió al tren. Era Ruiz Zorrilla, el jefe del Partido Republicano, que volvía clandestinamente a España. Le conocí y en seguida me convertí en uno de sus allegados. Me dijo: «¡Con algunos hombres como tú ya estaríamos en Madrid!». Poco después me casé con Teresa Sanmartí, la hija huérfana de un abogado de Granollers, a la que también conocí en el tren que la llevaba a un convento de Gerona donde quería ingresar. La salvé en el último momento y tuve varios hijos con ella.

Mi vida se parte en dos. Por un lado, el burgués honrado cuya familia prospera y a quien se ve a menudo en la iglesia. Por otro, el anarquista revolucionario que lucha por la restauración de la República. Distribuyo octavillas. Gracias al ferrocarril, hago circular una biblioteca móvil de libros prohibidos. Mi pseudónimo es «Cero».

Muere el rey Alfonso XII. La corrupción reina por todas partes, los funcionarios dejan de cobrar su sueldo. Descontento general. Ruiz Zorrilla y el general de brigada Villacampa intentan un golpe de Estado el 19 de septiembre de 1886. En Madrid se grita «¡Viva la República!». Pero es un rotundo fracaso. La tropa aplasta a los insurrectos y se produce una desbandada. Huimos hacia las fronteras. Yo cruzo los Pirineos a pie la noche del 23 de septiembre y paso a Francia, dejando en España a mi mujer y a mis hijos.

GALCERÁN
Cómo se excita usted: está empapado.

FERRER
Esa fue mi juventud.

GALCERÁN
Siéntese.

FERRER
Gracias, ya tengo mi jergón. *(Se sienta en el catre.)* ¿No hablo demasiado?

GALCERÁN
En absoluto; es apasionante. Y ya en Francia, ¿qué hace usted?

Ferrer
Me uno a Zorrilla, que se había afincado en París. Me convierto en su mano derecha. Abro un restaurante cerca del Puente Nuevo al que bautizo «Libertad», donde se congregan todos los exiliados, un negocio que funciona. Mi mujer y mis hijas se reúnen conmigo. Redacto y publico en Garnier el primer método interactivo para aprender español, con ejercicios de conversación prácticos y concretos. Un auténtico éxito. Los refugiados españoles están de moda. Conozco a Jaurès, Mirbeau, Camille Lemonnier, Clémenceau, Louise Michel, Émile Verhaeren, Maurice Maeterlinck. Me hago masón ingresando en la logia «Los Verdaderos Expertos» de la calle Puteaux. Hago frecuentes visitas masónicas a Bélgica estableciendo allí sólidas amistades. Mi mujer saca las uñas y quiere que abandone a mis compañeros y mi actividad política. Nuestras disputas se agravan. «¡Ten cuidado, no me mate con las niñas!», me dice.
Tengo entonces cuatro hijas, Trinidad, Luz, Paz y Sol, recién nacida. Luz, mi preferida, cae enferma y muere sin que a su madre se le ocurra tratarla ni avisarme de su dolencia. El médico me dice: «¿Por qué tan tarde? ¡Pude haberla salvado!».
Decido romper. Dejo a mi mujer y me llevo a mis hijas, pues creo que su madre es un peligro para ellas.

El 12 de junio de 1894, en la esquina de la calle Faubourg Montmartre, Teresa se me acerca empuñando una pistola. «¿Dónde están mis hijas?», me dijo. Respondí que Sol con una nodriza en el campo y las dos mayores camino de Australia, donde yo tenía familia. A Teresa se le enciende la sangre. Estallan disparos. Me desplomo en la acera con tres balas en el pecho. Salimos en primera página de todos los periódicos. Meten a mi mujer en la cárcel. Me niego a presentar cargos; la liberan. Y, una vez fuera de peligro, pongo fin a mi vida de revolucionario.

GALCERÁN
¿Qué le pasó?

FERRER
En el hospital empecé a pensar de otra manera, tras leer el *Emilio* de Jean-Jacques Rousseau.

GALCERÁN
¿Cómo fue eso?

FERRER
Seguramente recordando que tenía hijos y que no iban a criarse solos.

GALCERÁN
¿Y...?

FERRER

Entonces descubrí las virtudes de la pedagogía. Para mí, era el mejor momento. Además, estaba harto de los trepadores empedernidos que rodeaban a Ruiz Zorrilla, sus tejemanejes oportunistas y su radicalismo de relumbrón. Solo predicaban pragmatismo, realismo y concesiones de todo tipo, con el pretexto de guardar las distancias con cualquier utopía. ¡Todos ellos carecían de pensamiento lógico y de estatura en la acción!

GALCERÁN

¿Y encontró algo entre los educadores que le aliviara de aquella gente?

FERRER

Desde luego, son mucho más rigurosos. Mire lo que tiene ante los ojos.

GALCERÁN

Tratado de educación de Francisco Ferrer.

FERRER

Redactarlo es lo que me ocupa desde hace casi un mes de reclusión.

GALCERÁN

Asombroso.

Ferrer
Reviso todo el historial, todo el itinerario, toda la cadena de pensadores íntegros que me llevaron hasta la Escuela Moderna. Por supuesto, primero viene el modelo antiguo del pedagogo y su discípulo. Son una pareja en la que el mayor modela al menor a su propia imagen. El alumno, a fuerza de trabajo, acaba por elevarse al nivel del maestro. En Aristóteles, Rabelais y Fénelon se trataba siempre de arrancar al ser humano de su animalidad primitiva y nefasta para elevarlo a la humanidad superior que procura la educación. Hubo que esperar a Rousseau para que se produjera la verdadera revolución.

Galcerán
¿Por qué?

Ferrer
Con Rousseau todo cambia porque sostiene que el hombre, como tal individuo, es naturalmente bueno, pero el sistema social le hace malo. La educación ha de tender, por tanto, a resucitar al hombre primitivo, a liberarlo del oscurantismo, de las supersticiones colectivas y de los prejuicios de la masa, para despertar su espíritu crítico frente a los sistemas de pensamiento predigeridos que le impone su religión, su nacionalidad, su raza, su cultura y su sexo, obstáculos todos que le ciegan, le limitan,

le embrutecen y le hacen intolerante. A pesar de sus contradicciones religiosas, Rousseau pone patas arriba todos los puntos de vista. Quiere crear individuos autónomos y libres, dispuestos a innovar, y no seres sumisos, dispuestos a reproducir modelos preexistentes. De los primeros saldrán aventureros e investigadores. De los segundos ejecutores, obreros dóciles, esclavos y soldados obedientes.

GALCERÁN
¿Todo revolucionario es entonces, según usted, hijo de Jean-Jacques Rousseau?

FERRER
En cierto modo sí, con una pizca de Diderot y una gotita de Voltaire. Aunque Rousseau siempre se ciñó a la relación elitista de la pareja filósofo-discípulo en un medio burgués. Y nunca intentó poner en práctica sus teorías, comprobarlas sobre el terreno, en la realidad. Es a Pestalozzi a quien debemos la ruptura definitiva.

GALCERÁN
¿Pestalozzi? No lo conozco.

FERRER
Otro suizo del siglo XVIII. A los dieciséis años leyó el *Emilio* de su compatriota Jean-Jacques y también

para él ¡fue una revelación! Decidió que dedicaría su vida a poner en práctica las ideas de Rousseau en favor de los colectivos pobres.

GALCERÁN
¿Se refiere usted a las clases escolares?

FERRER
Sí, grupos de alumnos pobres. Para la Suiza de la época, era una idea verdaderamente revolucionaria.

GALCERÁN
Incluso hoy día...

FERRER
Le tomaron por loco y se topó con la oposición general. Acabó encontrando un orfanato cerca de Yverdon.

GALCERÁN
¿Por qué un orfanato?

FERRER
Para constituir una sociedad de individuos libres de cualquier influencia o atadura.

GALCERÁN
¿Y funcionó?

FERRER
Al principio en absoluto. Le atacaron por todas partes: los curas, los ricos, el Estado, la estupidez, el miedo, la mala fe. Se arruinó varias veces, pero siempre volvía a levantarse con incansable obstinación. Fue un verdadero santo sin aureola. Al final logró hacer reales las ideas de Rousseau. Y gentes de todo el mundo acudían a visitarle para inspirarse en su obra.

GALCERÁN
¿Cómo tuvo noticia de él?

FERRER
Por Paul Robin, a quien conocí en París, en la Gran Logia de Francia.

GALCERÁN
¡Su observancia masónica!

FERRER
Sí, huele a azufre, ¿no?

GALCERÁN
Los masones no son mis amigos.

FERRER
Porque no los conoce.

Galcerán
Los juzgo por sus obras, por sus crímenes....

Ferrer
... ¡Los que se les atribuye! Resumiendo, Paul Robin era masón como yo. Como buen discípulo de Pestalozzi y a costa de tremendas dificultades fundó un orfanato inspirado en Rousseau. Fue él quien me hizo comprender la inutilidad de la violencia.

Galcerán
¿No había preconizado usted la insurrección?

Ferrer
Sí, pero un pueblo ignorante que se subleva, aunque triunfe momentáneamente, será incapaz de conservar sus derechos. Se dejará arrebatar la victoria por algún tirano manipulador y populista, o por la maquinaria implacable y arbitraria de un partido todopoderoso. Hay que dedicar tiempo a educar a la gente para que sea capaz no solo de conquistar su libertad, sino también de conservarla y gestionarla equilibradamente a largo plazo.

Galcerán
¡Hermoso programa!

FERRER

Fue Paul Robin quien me hizo entender esto. Así que, renunciando a las insurrecciones, atentados y toda forma de violencia, me orienté hacia la única lucha que, pensándolo bien, es digna de un hombre honrado: ¡la enseñanza! Decidí fundar una escuela según mis deseos, dedicarle todas mis fuerzas y todo el dinero que pudiera reunir. Y lo logré. Tras años de esfuerzo, la suerte me sonrió. En 1901, gracias a una cuantiosa donación, ¡inauguré por fin mi «Escuela Moderna» en Barcelona!

GALCERÁN

Le habrían acogido mucho mejor en Francia o en Bélgica; ¿por qué volvió a España?

FERRER

Porque es aquí donde me parecía que era más necesario. Estábamos tan atrasados con respecto al resto de Europa...

GALCERÁN[2]

¿Por qué no ofreció sus enseñanzas en catalán, su lengua materna? Al abrir su escuela en español se enemistó usted con todos los movimientos

2 Esta réplica y las tres primeras frases de la siguiente no figuran en el texto impreso de la obra, pero sí en las versiones que se ofrecieron al público en vida del autor. [N. del T.)

separatistas, que habrían podido apoyarle y acudir en su ayuda.

Ferrer

No quería llevar el humanismo y el mundo a unos millones de habitantes arrinconados entre el Ebro y los Pirineos. No habría propuesto mis enseñanzas ni en español si hubiera existido una lengua universal reconocida. ¡El esperanto cien veces antes que el catalán! ¿Sabe usted que, de los 18 millones de españoles que hay hoy, 10 son analfabetos?
Tenemos que acabar con esta vergüenza, que es la causa de todas nuestras desgracias. Pero no me limité a abrir una escuela, también creé una editorial para imprimir libros educativos que serán las herramientas del futuro, y fundé una revista para difundir mis ideas educativas.
En los tres años que siguieron, unas cincuenta escuelas abrieron en toda España, y el movimiento de la «Escuela Moderna» se extendió a Sudamérica, Francia, Bélgica y muchos otros países.

Galcerán

Lo he oído. Los jesuitas califican ese fenómeno de calamidad, de epidemia, de lepra, ¡de cáncer social! Hábleme del programa de su Escuela Moderna, que tanto miedo les da.

FERRER

Mi propósito es dar a cada niño el gusto por el trabajo y la curiosidad personal, invitarle a que compruebe por sí mismo cada ley universal mediante sus propias experiencias, protegerle de todos los dogmas y de todas las ideas preconcebidas, ayudarle a convertirse en una persona instruida, sincera, justa y libre, capaz de entender que no hay deber sin derecho, ni derecho sin deber.

GALCERÁN

En resumen, crear una nueva especie.

FERRER

Estos nuevos individuos constituirán una humanidad no atada a la estúpida lucha por la riqueza ni apegada sórdidamente a la satisfacción de apetitos y vicios. Esta nueva humanidad será siempre más afectuosa, más hermosa y más alegre.

GALCERÁN

¡El programa es perfecto! Pero ¿cómo obrará usted para lograr tal metamorfosis?

FERRER

La Escuela Moderna es laica y mixta. Se enseña, en primer lugar, la higiene y se practica el ejercicio físico. Se aprenden trabajos prácticos, oficios, faenas agrícolas, y se estudia el medio ambiente. Excursiones, visitas a fábricas, talleres y granjas... Arte en todas sus formas, filosofía, literatura y, por supuesto, todas las ciencias. Hay una biblioteca, pero los niños editan sus propios libros escolares y publican un periódico para las otras clases y para sus padres. No hay notas ni exámenes. La única recompensa es el placer de aprender en grupo y de ser solidario para crecer juntos, respetando las diferencias de cada cual.

GALCERÁN
Es una utopía.

FERRER
¡Esa utopía ha existido cinco años! Por eso me han metido aquí.

GALCERÁN
Pero ¿y Dios en todo eso?

FERRER
Los hombres solo necesitan a Dios si se sienten solos o infelices.

GALCERÁN
¿No ama usted a Jesucristo? Se halla, sin embargo, muy cerca de muchas de sus ideas. Es un Dios de amor.

FERRER

Jesús es mucho más que un Dios: es uno de los hombres más grandes que han existido jamás.

GALCERÁN

Me dijeron que era usted un asesino, pero tengo que defender a un apóstol. ¿No tiene miedo a la muerte?

FERRER

No sería hombre si no me inquietara ese misterio.

GALCERÁN

Pero para sus adentros, ¿en qué cree usted?

FERRER

Creo en las ciencias exactas.

GALCERÁN

¿Y cómo le permiten ver el mundo las ciencias?

FERRER

Los individuos somos minúsculos focos de energía arrojados a la corriente de las fuerzas que impulsan el universo. Somos pilas, chispas. Sobrevivimos a la muerte, pero no como imaginan los santurrones. Nuestra «esencia» sobrevive, pero no nuestra conciencia ni nuestra personalidad. El sabio que durante su vida se haya compenetrado con las cosas y los seres no se enfadará por fundirse con ellos en el instante supremo.

GALCERÁN
¿Puedo estrecharle la mano? Le defenderé lo mejor que pueda. Voy a prepararme; pronto recibiré su expediente.

FERRER
Le ayudaré como mejor pueda.

GALCERÁN
Ya me ha ayudado mucho.

Entra Sol Ferrer y se dirige al público.

SOL
Me llamo Sol Ferrer
No estuve presente en lo de Barcelona. Soy la última hija de Francisco Ferrer
Aún era niña en 1909, cuando lo asesinaron. De él solo tengo vagos recuerdos. Se separó de mi madre, Teresa, cuando yo solo tenía tres años, y después le vi muy poco. Me crie en internados a los que de vez en cuando me enviaba una caja de naranjas. Pero he dedicado mi vida a perpetuar su memoria y he escrito un libro, *El verdadero Francisco Ferrer*, en el que intento restablecer la verdad sobre su vida y

su obra. Ningún hombre ha sido más injustamente calumniado o elogiado que él, pues fue el blanco de una lucha de intereses. Una polémica mundial cuyas sacudidas siguen agitando más de un siglo después de su muerte las corrientes que dividen a la opinión pública en todos los continentes. Voy a intentar aclarárselo a ustedes con arreglo a los datos que poseo.

Un tiempo.

Se me educó en el odio hacia mi padre, y mi madre lo hizo todo para denigrar a mis ojos su recuerdo y sus actos. Me le pintaron como un ogro que violaba monjas, quemaba conventos, devoraba jesuitas, un intelectual de izquierdas que atacaba escuelas cristianas con un cuchillo entre los dientes y sacaba de quicio a los niños pobres asegurando que no había Dios, ni cielo, ni infierno, ni más allá, y que por lo tanto los pobres no irían al cielo después de morir. Ese lugar donde los últimos son por fin los primeros, donde se reparan todas las injusticias, se consuelan todas las penas y se alivian todos los dolores. «Por culpa de tu padre —decía mi madre—, la gente del pueblo sabe ahora que no tiene que esperar a morir para ser feliz y que no habrá juicio final. Saben que este valle de lágrimas que es el mundo no es una sala de espera para el séptimo cielo y que, si quieren felicidad y justicia, deben hacerse con ellas en la tierra por la fuerza. ¡Es terrible!». Le decía a mi madre: «No, eso está muy bien: papá tiene razón si no hay vida después de la muerte; la eternidad es aquí y ahora». Mi madre se santiguaba, me maldecía, soltaba unos gritos atroces y se desplomaba desvanecida. Entonces, con rabia en el corazón, yo tenía que disculparme y consolarla cada vez. Pero acabé eligiendo bando de una vez por todas. Defendí la causa de Francisco Ferrer por todas partes, pero a pesar de todos mis esfuerzos no conseguí que se le hiciera justicia. Nunca se revisó su causa ni se revocó la sentencia que tan injustamente le condenó. Para que ustedes lo entiendan mejor, me gustaría volver sobre la cronología de los hechos que nos llevaron al desastre. El 26 de julio de 1909 estallaron en Barcelona unos disturbios contra la guerra de Marruecos que duraron una semana. Mi padre estaba en la ciudad ese día porque tenía varias citas importantes. A causa de la huelga en los ferrocarriles tuvo que volver a pie por la noche a su casa, «Mas Germinal» (bautizada así en honor de Zola), en el campo, en Montgat, cerca de Barcelona. No llegó hasta el amanecer. El 27 de julio descubre estupefacto que los periódicos le acusan de haber estado al frente de los disturbios que habían devastado la ciudad la víspera. A partir del día 28, aparecen testimonios falsos respaldando ese supuesto. Todo el mundo afirma haberle visto empuñando armas en las barricadas. Incontables son las iglesias y los conventos incendiados en toda la Cataluña sublevada. Mueren algunas monjas y muchos curas. El día 29, mi padre se marcha para esconderse en casa de unos amigos y rompe todo contacto con su familia. Temía que llegaran a detenerlo en casa.

Durante los siguientes días registran su hogar. A su compañera, Soledad, a su hermano José y a su cuñada los detienen, se los llevan y los confinan en Teruel. El 8 de agosto el obispo de Barcelona, Casañas,[3] sube al púlpito y acusa a los partidarios de las escuelas sin dios de haber causado tales vio-

3 El autor sigue aquí a Sol Ferrer en *La vie et l'oeuvre de Francisco Ferrer, un martyr au XXe siècle* (1962, p. 135), según la cual las palabras de Casañas fueron: «La palabra de Dios, por mi boca, señalará, pues, sin necesidad de pronunciar su nombre, en este santo lugar, al que es verdadero culpable de la potencia del laicismo y del racionalismo, el verdadero declarador de la catástrofe que diezma a nuestra Santa Iglesia y que pone a sangre y fuego a España entera». El problema es que Casañas había muerto en 1908. Y tampoco deberían poder atribuirse tales palabras a su sucesor, Laguarda, ya que —aunque nombrado obispo de Barcelona en abril— no tomó posesión del cargo hasta después de la Revolución de julio (o Semana Trágica), en octubre. Ni parece que el orador fuera el obispo auxiliar, Cortés, que estaba muy enfermo. Pero sí pudo ser Palmarola, el provisor diocesano, que era el verdadero encargado de la diócesis barcelonesa en esos momentos, a juzgar por sus declaraciones en *El Imparcial* unos días después: «Ese es un movimiento anárquico; el principio de la revolución social, siempre en acecho para reanudar la historia de los grandes crímenes [...]. Si no se castiga a los instigadores que son conscientes ¿con qué derecho se castigará a los inconscientes que cumplen las predicaciones difundidas?» (12/8/1909, p. 3). Parecería aconsejable omitir esta frase. [N. del T.]

lencias. Propone que se los elimine a todos para restablecer la paz en España. El 11 de agosto, vuelven a registrar la casa de mi padre durante varios días, dejándola hecha una ruina. El 17 de agosto, los periódicos anuncian que, si Ferrer no se entrega, se le declarará rebelde y se nombrará a un juez de instrucción para juzgarlo en rebeldía. El 30 de agosto, ante las acusaciones que siguen proliferando contra él y por no comprometer aún más a las personas que le acogen, Ferrer, convencido de que le asiste el derecho, abandona su escondite y por propia voluntad decide entregarse a la justicia para poner fin a los rumores. Desgraciadamente, en el camino unos vecinos le reconocen y detienen. Se le acusa de intentar huir del país. El 31 de agosto, es imputado y encarcelado en la Cárcel Modelo de Barcelona. Allí permanece aislado en un calabozo, escasamente alimentado y privado de paseo. Solo ve al juez instructor en tres ocasiones. Debido a la ley de excepción, comparece ante un tribunal militar y se le deja incomunicado, por lo que no puede relacionarse con el exterior ni recibir visitas hasta el 1 de octubre, día en que por primera vez ve a su abogado, designado de oficio.

Sol se aparta, la luz se eleva sobre Negrini y Galcerán.

3 de octubre de 1909

NEGRINI
Capitán Galcerán: ya hace varios días que insiste usted en verme. A pesar de que va en contra de todos mis principios, finalmente he accedido a su petición.

GALCERÁN
¿Por qué esa reticencia?

NEGRINI
No quiero que pueda sospecharse que soy complaciente con la defensa.

GALCERÁN
Usted se ocupa de la instrucción. No será parte actora en el juicio, ni acusador, ni juez, ni jurado. ¿Qué tiene que temer?

NEGRINI
¡La calumnia! Usted no se imagina hasta qué punto se nos observa. Si encuentran la más mínima cosa que reprocharnos, los dos arriesgamos nuestra carrera. Toda persona importante en España tiene los

ojos clavados en nosotros, y espera que este juicio se resuelva de manera favorable.

Galcerán
¿Qué entiende usted por favorable?

Negrini
Me sorprende su pregunta. He leído en su expediente que es usted un soldado intachable, católico y monárquico. Debe por tanto desear lo que desean sus superiores, su obispo y su rey.

Galcerán
Creí que lo único que desean es justicia.

Negrini
No se haga el ingenuo, sabe muy bien que esperan un castigo ejemplar.

Galcerán
¿Está usted seguro? ¿Ha recibido instrucciones en ese sentido?

Negrini
Por supuesto que no. Pero se me ha pedido que le haga entender que no muestre celo excesivo en la defensa del culpable a su cargo. No porfíe. Si no...

Galcerán
¿Si no qué?

Negrini
Si no, podría pagar usted las consecuencias.

Galcerán
Pues yo estoy convencido de lo contrario, de que brindar a Ferrer un juicio ejemplar es servir a la causa del Ejército, de la Iglesia y del Estado.

Negrini
¿Con qué propósito?

Galcerán
Para demostrar al mundo que España es una nación justa y moderna. Que su Ejército tiene sentido del honor y de la justicia. Y que su Iglesia ha arrojado a las tinieblas del pasado los horrores de una Inquisición que devastó Europa durante siglos. No quiero que pueda decirse un día que Ferrer fue «el último mártir de la libertad de conciencia».

Negrini
Deje la palabra *mártir* para los santos de nuestra Iglesia. Se trata sencillamente de evitar que haga daño un revolucionario peligroso.

GALCERÁN
Usted acarreará sobre nosotros la reprobación del mundo entero por siglos y siglos.

NEGRINI
No se embelese con las grandes palabras. En toda Europa, se ejecuta a anarquistas y agitadores de todo pelaje. En Francia, hace bien poco, se les ha rendido honores con la guillotina.

GALCERÁN
Deseo preparar mi alegato para defender dignamente al hombre cuya causa se me ha confiado. ¿Cuándo me entregará usted el expediente de la instrucción que se le encomendó?

NEGRINI
Es un expediente complejo y aún no le he dado el último toque. ¿Me reprocharía usted que desee cumplir como debo?

GALCERÁN
No, pero se me dice aquí y allá que la fecha del juicio está cerca.

NEGRINI
Entre nosotros puedo revelarle que se habla del 9 de octubre.

GALCERÁN
Pero si ya estamos a 3. ¿A qué espera para darme esos documentos? No podré prepararme.

NEGRINI
No se impaciente. Mi expediente tiene más de 800 páginas, así que de todos modos no tendrá tiempo de estudiarlo a fondo. Nadie se lo pide, por cierto.

GALCERÁN
Pediré un aplazamiento.

NEGRINI
Todo me hace pensar que se lo denegarán.

GALCERÁN
¡Qué cinismo!

NEGRINI
Todo lo que se espera de usted es un alegato puramente formal. No trate de hacerse notar. Queremos actuar con rapidez.

GALCERÁN
Tiene usted razón. Para cometer un crimen es mejor actuar rápido.

Negrini
No nos ponga usted trabas o acabará usted destrozado. Como soldado, debería haber aprendido a permanecer en el lugar que se le asigna.

Galcerán
Sí, pero como hombre mi conciencia me impone el deber de desobedecer para salvar mi honor.

Negrini
¿En detrimento de los intereses de su Iglesia y de su patria?

Galcerán
Por encima de esas causas locales, tengo la obligación de considerar el interés superior de la humanidad.

Negrini
¡Está usted loco, es usted un megalómano! Conocer a ese Ferrer le ha convertido en un fanático. Su poder de fascinación y de persuasión es formidable. Es usted la prueba viviente de la necesidad de eliminarlo cuanto antes. Debe desaparecer. Nuestra conversación me afianza totalmente en esa convicción. Excediéndose en su intento de salvarle, ha acabado usted perdiéndole. Ferrer es un depredador dañino y será aniquilado.

Galcerán

Quiero creer que nuestro Ejército no se halla totalmente engatusado por quienes piensan como usted. Estoy seguro de que el jurado lo compondrá gente honrada y hombres sensatos. Quiero creer que conseguiré convencerles de que Ferrer es inocente de los hechos de que se le acusa y que debe ser puesto en libertad. Así que páseme ese expediente cuanto antes o le denunciaré a nuestra jerarquía y a los periódicos del mundo civilizado.

Negrini

¡Por favor, nada de grandes palabras! Mañana mismo tendrá ese expediente en su despacho. Que quede bien claro entre nosotros que este encuentro no ha tenido lugar. No le retengo más.

Sol

El capitán Galcerán no recibió de Negrini el expediente de acusación de 800 páginas hasta cinco días después, el 8 de octubre, la víspera del juicio. El abogado pasó una noche en blanco revisándolo. Era abrumador, lleno de prejuicios y de incoherencias. El juicio empezó al día siguiente en una sala pequeña y sobrecalentada con ventanas enrejadas. Estaban allí los nueve militares miembros del jurado y algunos observadores elegidos escrupulosamente. Como había pronosticado Negrini, no se llamó a declarar a ningún testigo ni perito. La lectura del acta de acusación duró dos horas y media. Luego, al abogado que intentó defender a mi padre el presidente del jurado le pidió que fuera breve. Galcerán hizo un admirable alegato mientras los miembros del jurado bostezaban y dormitaban. Finalmente, el presidente preguntó a mi padre si tenía algo que añadir en su defensa.

FERRER
Si se me juzgara únicamente por hechos recientes, seguro estoy de que se me absolvería. Quiero creer que el jurado no se dejará influir por los sucesos del siglo pasado que se han traído a colación. Mi única preocupación desde hace diez años —y muchos lo saben en España y fuera de España— es la enseñanza, la instrucción y la cultura del pueblo. Me gustaría poder continuar esta labor que me parece esencial. Por eso espero que ustedes me preserven para mi país.

SOL
A puerta cerrada, por siete votos contra dos, aquella misma tarde Ferrer fue condenado a muerte sin que se le comunicara el veredicto.

9 DE OCTUBRE, AL CONCLUIR EL JUICIO

FERRER
Gracias, capitán, me ha defendido usted valientemente, y tiene mucho mérito, pues toda esa gente quería mi pellejo.

GALCERÁN
Oigo por aquí y por allá que saldrá usted de esta.

FERRER
¿Solo cárcel?

GALCERÁN
Tal vez incluso la absolución, que no sería sino justicia.

FERRER
¿Qué tendrá que ver la justicia en este asunto?

GALCERÁN
Al final triunfará la razón, estoy seguro.

FERRER
Hay una cosa que me preocupa: la ausencia de periodistas extranjeros entre el público.

Galcerán
No se les ha admitido en la vista, y se encargó en exclusiva a la Agencia Española de Prensa de informar a los periódicos.

Ferrer
¡Ahí está el quid! La Agencia Española de Prensa es progubernamental y todo el mundo sabe que está a sueldo del poder. Solo comunicará al mundo hechos tergiversados.

Galcerán
No lo vea todo negro. Estoy seguro de que los periodistas cumplirán con su deber.

Ferrer
¡Siempre optimista! ¿Y si a pesar de todo me condenan a muerte?

Galcerán
Le salvará el inicio de la nueva legislatura. Será el 15 de octubre, dentro de una semana escasa. Jamás las Cortes autorizarán su ejecución. La oposición tronará y hará un llamamiento a los gobiernos extranjeros para que le defiendan.

Ferrer
Cierto, tiene usted razón. Hago mal preocupándome.

Sol
Para evitar toda campaña de prensa o reacción política internacional, la sentencia de muerte dictada el 9 de octubre se mantuvo en secreto y se transmitió a Madrid con carácter urgente. La Capitanía General la confirmó. El Consejo de ministros no manifestó su oposición. El rey Alfonso XIII denegó el indulto cada una de las tres veces que se le solicitó. Seguramente no había perdonado a Ferrer el atentado que había manchado de rojo el vestido de novia de su esposa. Se apresuró todo para adelantar la apertura de las Cortes. El 11 de octubre, en Barcelona, se trasladó a mi padre a la fortaleza de Montjuich, lugar tradicional de las ejecuciones capitales. El 12 de octubre, víspera de su muerte, se le comunicó la condena.

Negrini y Galcerán se adelantan.

Negrini
Ferrer, se me ha encargado notificarle en presencia de su abogado que el pasado 9 de octubre el tribunal militar le condenó a muerte. Esta sentencia ha sido confirmada por la Capitanía General y el Consejo de Ministros. Su majestad el rey le ha denegado su gracia.

Ferrer
No se la había pedido.

Galcerán
Y con razón, pues ignorábamos la condena.

Negrini
Habiéndose agotado todos los recursos...

Galcerán
... Quedan todavía las Cortes, que se reúnen dentro de tres días.

Negrini
... Habiéndose agotado todos los recursos, la sentencia se ejecutará mañana, 13 de octubre de 1909. Le ruego que firme esta declaración confirmando que ha sido debidamente informado.

Ferrer firma.

Ferrer
Me gustaría volver a ver a mi familia.

Negrini
Eso no se le permitirá.

Galcerán
Va en contra de todas las costumbres.

Negrini
Según suele hacerse, pasará su última noche en capilla, asistido por el capellán de la prisión, un

jesuita, designado para convencerle de que se arrepienta, y seis hermanos monjes que le ayudarán con sus oraciones y cantos.

FERRER

No soy creyente. No quiero que esa gente eche a perder mis últimos momentos. Me gustaría meditar, estar a solas conmigo mismo.

NEGRINI

Eso sería dejarle en pésima compañía.

FERRER

Al menos me gustaría ver a un notario para dictarle mis últimas voluntades.

GALCERÁN

No puede negarnos eso. Debe aplazar la ejecución un día.

NEGRINI

No será necesario, me he adelantado a su deseo. En breve vendrá un notario. Lo tendrá usted todo el tiempo que sea necesario.

GALCERÁN

Yo también me quedaré a su lado.

NEGRINI
Galcerán, se ha implicado usted mucho en este caso, más allá de lo razonable. ¡Podría perjudicarle!

GALCERÁN
Pronto se dirá lo mismo de usted, Negrini
Pero será para su eterna vergüenza.

NEGRINI
¡Por favor! Sobran las grandes palabras. Dios nos juzgará a todos. Nos vemos mañana. Caballeros, buenas noches. *(Sale.)*

GALCERÁN
Mi querido amigo, lo lamento muchísimo.

FERRER
No hace falta. Quienes pretenden perjudicarme hacen el máximo favor a mi causa. La coronan con la gloria del martirio. Es una publicidad excelente.

GALCERÁN
Pagada muy cara.

FERRER
No importa. Francisco, ¿puedo confiarle mi *Tratado de educación*? Está inacabado y temo que aquí lo destruyan.

GALCERÁN
Gracias por su confianza; lo guardaré con sumo cuidado.

FERRER
Lea, por favor, los dos epígrafes de la portada. Deme ese gusto.

GALCERÁN
(Lee el primer epígrafe.) «¿A qué edad hay que empezar a educar a un niño? ¿Cuando nace su abuelo?».

FERRER
Un hombre se construye a lo largo de tres generaciones. ¡Es evidente! Porque hay que tener en cuenta la influencia de los padres. Es decir que hay que saber ser paciente, metódico y obstinado cuando se espera cambiar el mundo algún día. ¡Ahora con el segundo!

GALCERÁN
(Lee.) «El objetivo de la enseñanza no es llegar a ser el mejor un día, sino mejorar cada día».

FERRER
Esto vale también para nosotros esta noche. Hasta mañana; cuento con usted.

Galcerán
Allí estaré, Francisco.

Se abrazan, Galcerán sale.

Sol
Seguidamente, llegan los hermanos de la «Cofradía de la Paz y la Caridad», que disponen un altar mientras cantan. Mi padre les pide educadamente que se larguen, pero obedeciendo órdenes, se mantienen solo un poco apartados. Luego aterriza el reverendo padre Font, famoso predicador jesuita. Hace una entrada majestuosa. Y le dice a mi padre: «Señor Ferrer, le conozco, sigo sus actividades desde hace largo tiempo. Es usted un hombre de talento; cuánto me gustaría reconciliarle con nosotros».

Ferrer
Reverendo padre: es una extraña manera esta de ganarse a la gente fusilándola.

Sol
El jesuita tiene la osadía de contestarle: «Obramos solo por amor, hijo mío; si destruimos su cuerpo, es para salvar su alma».

Ferrer
Esa frase huele mucho a los haces de leña de la Inquisición.

SOL
«No reniego de ellos —dice el jesuita—, y en su caso hasta los recomiendo». Presente toda la noche en la capilla, el reverendo padre Font vuelve a la carga diez veces con ejemplar tenacidad y asombrosa mala fe, turnándose con el honrado capellán de la ciudadela.

CAPELLÁN
Hijo mío, soy su Capellán
Solo estoy aquí para procurar que esté cómodo. ¿Desea beber algo?

FERRER
Gracias, señor, no tengo sed.

CAPELLÁN
¿Desea que le traigan algo de comer?

FERRER
Ya he comido, señor, y usted ve bien que no necesitaré más.

CAPELLÁN
¿Un puro, un cigarrillo, un chupito de aguardiente?

FERRER
Nunca he fumado ni bebido alcohol. No es momento de empezar.

CAPELLÁN
En conclusión, ¿qué puedo hacer para ayudarle, hijo mío?

FERRER
Señor, tiene que admitir lo evidente: no le necesito.

CAPELLÁN
Eso es imposible; a la hora de la muerte, todos los hombres necesitan como mínimo a Dios.

FERRER
Yo no, ni tengo tiempo que perder con esas patrañas. Tengo demasiadas cosas que hacer.

CAPELLÁN
¿Para qué? Mañana estará muerto.

FERRER
Hoy todavía soy eterno.

CAPELLÁN
La eternidad es para después.

FERRER
En absoluto, es ahora.

CAPELLÁN
No le entiendo.

Ferrer

Todo ser vivo es parte de la conciencia universal. Somos ventanas hacia el infinito. La conciencia efímera de un mundo eterno.

Capellán

Pero somos perecederos.

Ferrer

El mundo no lo es. El fragmento de energía universal que soy tiene el deber de existir totalmente, voluptuosamente, hasta el límite de lo posible, para iluminar la oscuridad del universo.

Capellán

¡Qué falta de humildad!

Ferrer

¡Sea todo lo pusilánime que quiera! Yo estoy fanáticamente vivo. Orgulloso de estarlo y celoso de cada segundo que se me da. Ya que se me trajo al mundo, me debo a mí mismo estar a la altura del privilegio que se me otorgó.

Capellán

¿Por quién? ¿Quién es ese «se» que le trajo al mundo?

FERRER

En primer lugar el universo, luego nuestra galaxia, el sistema solar, la Tierra, la naturaleza, la humanidad, la larga cadena de mis antepasados. Mis padres.

CAPELLÁN

¿Y Dios no?

FERRER

No, Dios no. Solo estoy hecho del ruido de los demás y del color del tiempo. La historia de los pueblos, las tradiciones contradictorias, el caos social, el choque de culturas, la mezcla de razas, toda la sangre derramada, son la fuente de la fuerza vital que atraviesa el tiempo y el espacio. De todo ello brota el conocimiento y la conciencia que confieren al hombre su divinidad provisional.

CAPELLÁN

¡Está usted loco!

FERRER

No tanto como usted, que pretende persuadirme de la resurrección de la carne.

CAPELLÁN

Yo deseo creer en ello, profundamente.

Ferrer
Yo no creo, yo sé. No me robe más tiempo.

Capellán
Pero a veces tendrá que asaltarle la duda.

Ferrer
La duda es un juego sutil reservado a los ricos. Los pobres nunca han conocido ese pasatiempo. ¡Váyase!

Capellán
¡Volveré!

Ferrer
Eso le decía el diablo a san Antonio.

Capellán
Dios no es una tentación.

Ferrer
¡Vaya que si lo es!

Capellán
Es el último recurso.

Ferrer
Dios no es más que una confesión de debilidad. *(Pausa.)* Señor capellán, si es usted buena persona,

¿puede ayudarme pidiendo a sus compañeros que dejen de molestarme? Sus cantos me exasperan.

CAPELLÁN
Haré lo que pueda, pero dudo que accedan a ese deseo. Rezaré por usted, Francisco. Eso no puede impedírmelo, aunque a mi juicio lo necesita menos que todos esos que le condenan...

SOL
Con esto entró el notario: «Don Juan Permanyer, para servirle».

FERRER
¿Es usted valiente, señor Permanyer?

SOL
Permanyer respondió: «Como buen cristiano, quisiera serlo tanto como usted».

FERRER
Yo no soy valiente, solo soy un hombre con prisa a quien le queda poco tiempo y demasiado que decir. Siéntese y escriba.

SOL
El dictado duró siete horas. Quitando las cláusulas prácticas, se convirtió poco a poco en un testamento espiritual.

Ferrer

(Dictando.) «Desde principios de este siglo, vengo ocupándome de la escuela y mi único ideal es elevar el nivel de la mentalidad del pueblo español. Por ello todos mis esfuerzos tienden a difundir la enseñanza, la instrucción, la cultura y la moral entre las capas más pobres de nuestra población. Protesto, por última vez, con toda la energía posible contra lo absurdo del castigo medieval que se me va a infligir. Declaro estar convencido de que [dentro de poco] se reconocerá públicamente mi inocencia. Deseo que en ninguna ocasión, ni próxima ni lejana, ni por uno ni otro motivo, se hagan manifestaciones de carácter religioso o político ante los restos míos, [porque] considero que el tiempo que se emplea ocupándose de los muertos sería mejor destinarlo a mejorar la condición en que [se hallan] los vivos, teniendo gran necesidad de ello casi todos los hombres. Deploro que no exista horno crematorio en esta ciudad, pues habría pedido que en él fuera incinerado y se esparcieran mis cenizas. Deseo también que mis amigos hablen poco o nada de mí, porque se crean ídolos cuando se ensalza [a los hombres del pasado], lo que es un gran mal para el porvenir humano. Solo los hechos, sean de quien sean, se han de estudiar, ensalzar o vituperar, alabándolos para que se imiten cuando parecen redundar en el bien

común, o criticándolos para que no se repitan si se consideran nocivos para al bienestar general. Deseo que, mientras siga habiendo fondos disponibles de mi propiedad, sigan adelante las publicaciones de la Escuela Moderna. He dejado una lista de títulos por publicar y traducir como previsión para los próximos años. Estoy convencido de que el papel de los editores es esencial para el progreso de la humanidad. Por lo cual hay que ayudarlos. Finalmente recomiendo la publicación de una revista semanal que difunda en España y en toda Europa las ideas pedagógicas de la Escuela Moderna».

SOL
La luz del día le interrumpió a las ocho.

NEGRINI
Ferrer, es la hora.

FERRER
¿Adónde vamos?

GALCERÁN
A la poterna del foso de Santa Eulalia.

NEGRINI
Allí le espera el pelotón de fusilamiento.

Capellán
¿Quieres confesarte, hijo mío?

Ferrer
Señor, por última vez, retírese, por favor.

Capellán
Perdóneme, hijo mío, pero debo acompañarle hasta el final: es mi deber.

Ferrer
Muy bien. Quédese entonces, pero en silencio, por favor.

Galcerán
Ferrer, no he podido salvarle, perdone.

Ferrer
Nadie puede obligarse a lo imposible. Gracias por su compañerismo.

Negrini
¡Vamos! Ya no es momento de efusiones. ¿Tiene que manifestar algún último deseo?

Ferrer
Me gustaría, si fuera posible, que no se me obligue a arrodillarme. No quiero que pueda pensarse que rezaba en el momento de morir. Y, en segundo lugar,

para enfrentarme a sus fusiles, querría que no me venden los ojos.

NEGRINI
Concedida la primera petición; para vergüenza suya permanecerá de pie. Pero la segunda se le deniega, pues no es dado a los traidores morir mirando a la muerte a la cara.

FERRER
Le doy las gracias, señor Negrini, por estas muestras de humanidad.

Todos se vuelven hacia el público.

SOL
Aquel día el cielo estaba gris. No volvió a ver el sol.

CAPELLÁN
Caminamos en silencio casi un kilómetro.

NEGRINI
Al llegar al lugar de la ejecución, a Ferrer se le vendaron los ojos.

GALCERÁN
De cara al pelotón, adelantó ligeramente el pie derecho.

Capellán

Parecía así inclinarse hacia delante como para desafiar a las balas.

Galcerán

Cuando los fusiles se enfilaron gritó:

Ferrer

¡Hijos míos, apuntad bien, no es culpa vuestra! Soy inocente. ¡Viva la Escuela Moderna!

Negrini

Casi todas las balas acertaron. Tras el golpe de gracia, se arrojó el cuerpo de Ferrer a la fosa común.

Sol

El 13 de octubre de 1909, en cuanto se divulgó la muerte de mi padre, sus amigos belgas desearon erigirle una estatua. Se recaudaron fondos con gran entusiasmo. El escultor Auguste Puttemans se ofreció a realizar la obra.
Consistía en un hombre desnudo, de puntillas, levantando con los brazos tensos y lo más alto posible la luz de una antorcha que empuñaba con las manos juntas. La idea era levantar semejante mascarón de proa delante de una iglesia para ahuyentar de ella las tinieblas del fanatismo. El monumento se colocó delante de la iglesia Sainte-Catherine de Bruselas.

La inscripción del pedestal decía: «A la memoria de Francisco Ferrer, mártir de la libertad de conciencia». Cuando los ejércitos alemanes entraron en Bruselas en 1914, el káiser Guillermo II, en solidaridad con el rey de España, ordenó desmontar la estatua y guardarla. En 1918, los belgas volvieron a sacarla con gran pompa. El pueblo liberado erigió la estatua en la plaza de la Chapelle, frente a la iglesia del mismo nombre. En 1940, se repitió la misma comedia: a petición de Franco, los nazis enterraron en el olvido la estatua de Francisco Ferrer

Ya en 1945, cuando se trató de volver a hacer justicia a mi padre, el arzobispado de Malinas pidió que, en aras de la pacificación nacional, no volviera a erigirse aquel hombre desnudo frente a la entrada de una iglesia. ¿Por qué no quitar el nombre a aquel bronce y convertirlo en un monumento a los caídos en la guerra? Se dudaba, se buscaba el eterno compromiso a lo belga. Al final a aquella pobre estatua errante la salvó la Universidad Libre de Bruselas, que se ofreció a instalarla frente a su entrada principal. Así, puesto que, como afirmaba Rabelais, «no hay ciencia sin conciencia», la Luz del espíritu iluminaría el saber, mostrando a todos los hombres el camino de la esperanza y de la libertad.

FIN

Este libro se terminó de imprimir el 3 de noviembre de 2025.
Si quieres conocer otros libros publicados por
Punto de Vista Editores, visítanos en
puntodevistaeditores.com
También puedes seguirnos a través de
las redes sociales.

MínimaTeatro

1. *Los Gondra (una historia vasca). Los otros Gondra (relato vasco)*
   Borja Ortiz de Gondra
   Prólogo de Eduardo Pérez-Rasilla
2. *El pan y la sal. Flores de España*
   Raúl Quirós Molina
3. *Canción para volver a casa. Cançó per tornar a casa*
   Denise Despeyroux
   Traducción al catalán de Sergi Belbel
4. *Cuando deje de llover. Las cosas que sé que son verdad*
   Andrew Bovell
   Traducción de Jorge Muriel
5. *Cuarteto español. A partir de textos de Manuel Azaña, Luis Cernuda, Juan Ramón Jiménez y Miguel de Unamuno*
   Cuatro espectáculos de José Luis Gómez
6. *Proyecto Laramie*
   Moisés Kaufman y los miembros del Tectonic Theater Project
   Traducción de Jorge Muriel
7. *Tráfico. Cuando pases sobre mi tumba*
   Sergio Blanco
   Prólogo de Abel González Melo
8. *La sucursal o en el lugar del otro. Don Sandio o nada que decir*
   Javier Gomá Lanzón
9. *Variaciones Chéjov. Oihanpean. Paloma negra (tragicomedia del desierto)*
   Alberto Conejero
10. *Funeral y pasacalle y otras obras inéditas*
    Francisco Nieva
    Edición y prólogo de José Pedreira

11. *La escena de Anaximandro. Encuentros de teatro y ciencia*
Edición de José Vicente García Ramos
Prólogo de José Sanchis Sinisterra

12. *Nuestro movimiento. CINE. Future Lovers. Renacimiento*
La tristura (Itsaso Arana, Violeta Gil, Celso Giménez)
Prólogo de Sabina Urraca

13. *La grieta en el mundo. Diecisiete esbozos desde la oscuridad*
Roland Schimmelpfennig
Traducción de Albert Tola

14. *Las agujas dementes*
Jorge Volpi

15. *El síndrome del copiloto o el extraño destino de las olas*
Vanesa Montfort

16. *Animal negro tristeza. Ápeiron*
Anja Hilling
Traducción de Maria Bosom

17. *He leído todos tus libros. Mano azul*
Vicente Molina Foix

18. *Confesiones. Tres conferencias autoficcionales*
Sergio Blanco

19. *Tres ejercicios en la explanada. El profesor no ha venido. Los que hablan. El festín de los apartes*
Pablo Rosal

20. *Ana contra la muerte*
Gabriel Calderón

21. *La Toffana*
Vanessa Montfort

22. *Vuelan palomas. Arte de sermones para tiempos inciertos*
Una dramaturgia de José Luis Gómez y Javier Huerta Calvo

23. *Zoo. Tierra*
Sergio Blanco

24. *Naturaleza trans. Muñecas de piel*
Marianella Morena

25. *Mihura. El último comediógrafo. Observen a estos hijos de puta*
Adrián Perea

26. *El imperativo categórico*
Victoria Szpunberg

ÓmnibusTeatro

10. *Teatro reunido* (vol. 1)
Sergi Belbel
Calidoscopios y faros de hoy; Elsa Schneider; Tàlem (lecho conyugal); Caricias; Después de la lluvia; Morir (un instante antes de morir); La sangre

11. *Teatro reunido* (vol. 2)
Sergi Belbel
El tiempo de Planck; Forasteros (melodrama familiar en dos tiempos); Móvil (comedia telefónica digital); En la Toscana; Fuera de juego; Si no te hubiese conocido (fantasía romántica cuántica en once escenas y un epílogo); Las rosas de la vida (gamberradas para dos actrices, dos actores y un perro)

12. *Los Gondra (trilogía)*
Borja Ortiz de Gondra
Los Gondra (una historia vasca); Los otros Gondra (relato vasco); Los últimos Gondra (memorias vascas)

13. *Del amor y otras catástrofes*
Denise Despeyroux
El más querido (una catástrofe navideña); El corazón es extraño; La realidad; Los dramáticos orígenes de las galaxias espirales; Carne viva; Ternura negra. Una comedia histórica de terror romántico; Un tercer lugar

14. *Tarjeta de visita*
José Ramón Fernández
Para quemar la memoria; Mariana; La tierra; Nina; El que fue mi hermano (Yakolev); Monólogo de la perra roja que habla con el muerto sonriente; Babilonia; La colmena científica (o el café de Negrín); Yo soy don Quijote de la Mancha; Mi piedra Rosetta; El minuto del payaso; J'attendrai; Un bar bajo la arena; Un ángel

15. *Días azules y sol de infancia*
Itziar Pascual
Miauless; Mascando ortigas; Aire de vainilla; La vida de los salmones; Ainhara (Poema dramático); Raíz; Pepito (Una historia de vida para niños y abuelos)

16. *Dramedias*
Marta Buchaca
Litus; Losers (Perdedores); Kramig; Playoff; Solo una vez; Rita; ¿Cuánto me queda?

17. *Teatro de la memoria*
Helena Tornero
Apaches; Búnker (Como la gris mayoría de los mortales); No hables con extraños; Fascinación; Mañana

18. *Trilogía del poder y otras obras de dudosa moralidad*
Antonio Álamo
Trilogía del poder (*Los borrachos; Los enfermos; Yo, Satán*); *Cantando bajo las balas; Grande como una tumba; El bebé salvaje*

19. *Teatro clásico español del siglo* XIX. *Vol. 1. Comedias*
José Luis González Subías (ed.), Juan de Grimaldi (*Todo lo vence amor, o La pata de cabra*), Manuel Bretón de los Herreros (*Marcela, o ¿A cuál de los tres?*), Manuel Eduardo de Gorostiza (*Contigo pan y cebolla*), Tomás Rodríguez Rubí (*La rueda de la fortuna*), Ventura de la Vega (*El hombre de mundo*)

20. *Reescrituras*
Pedro Víllora
Auto de los Reyes Magos; Barrio de las Letras; La viuda valenciana (Lope de Vega); *La dama duende* (Pedro Calderón de la Barca); *La vida es sueño* (Pedro Calderón de la Barca); *Tartufo* (J. B. P. Molière); *La noche veneciana* (Alfred de Musset); *Casa de muñecas* (Henrik Ibsen); *Un sabio* (Guy de Maupassant); *Insolación* (Emilia Pardo Bazán); *Aire frío* (H. P. Lovecraft)

21. *Obras raras*
Gabriel Calderón
Mi muñequita, la farsa; La mitad de Dios; Historia de un jabalí o Algo de Ricardo; Mi pequeño mundo porno; Mi eterno fin del mundo

22. *Teatro reunido. Vol. 1*
Josep Maria Miró
La mujer que perdía todos los aviones; Gang Bang (abierto hasta la hora del ángelus); El principio de Arquímedes; Nerium Park; Humo; Rasgar la tierra; Umbrío

23. *Teatro reunido. Vol. 2*
Josep Maria Miró
La travesía; Cúbito; Olvidémonos de ser turistas; Tiempo salvaje; El cuerpo más bonito que se habrá encontrado nunca en este lugar; La habitación blanca; Restos del fulgor nocturno; El Monstruo

24. *Teatro clásico del siglo xix. Vol. 2. Piezas breves*
José Luis González Subías (ed.), Manuel Bretón de los Herreros y Ventura de la Vega (*El plan de un drama, o la conspiración*), Manuel Bretón de los Herreros (*Pascual y Carranza*), Antonio Gil y Zárate (*El fanático por las comedias*), Carlos García Doncel y Luis Valladares y Garriga (*Quiero ser cómica*), Joaquina Vera (*Dos amos para un criado*), Mariano Pina y Bohigas (*No más secreto*), Manuel Fernández y González (*Con poeta y sin contrata*), Antonio María Segovia (*¿Cuál de los tres es el tío?*), José Méndez de Álvaro (*Juan Garduño el artillero*), Rafael Máiquez (*¡Mal de ojo!*), Miguel Pastorfido (*El rey por fuerza*), Juan de la Puerta Vizcaíno (*El maestro de esgrima*)

25. *Teatro reunido. Vol. 1*

Borja Ortiz de Gondra

¿Dos?; Metropolitano; Dedos (vodevil negro); Mane, thecel, phares; Perro del mejor amo; Hacia el olvido; Del otro lado (danzón); Herida en la voz

26. *Teatro reunido. Vol. 2*

Borja Ortiz de Gondra

El barbero de Picasso; Miguel de Molina, la copla quebrada; Prodigios; Duda razonable; Memento mori (cámara oscura); Calpurnia (sueño, premonición y muerte); Identidad; Tres días de diciembre

27. *Las voces del dragón. Seis obras rapsódicas*

Roland Schimmelpfennig

Traducción de Albert Tola

El dragón de oro; Peggy Pickit ve el rostro de Dios; El gran fuego; 100 canciones; La media luna; Layo

28. *Trilogía de la vejez*

Lars Norén

Traducción de Carmen Montes Cano

Andante; Música de invierno; Cenizas

29. *Trilogía de Leenane*

Martin McDonagh

Traducción de Andrés Catalán

La reina de la belleza de Leenane; Un cráneo en Connemara; El solitario oeste

30. *Teatro denisíaco*

Denise Despeyroux

La tentación de vivir; El planeta añil; Paciencia debe morir; Tiempos mezquinos; La omisión del si bemol tres; Salvar a Apollinaire o cómo valerse del entrelazamiento cuántico para evitar la Segunda Guerra Mundial; Misericordia